Generis

PUBLISHING

Le Contrôle de Gestion Sociale

YOUSSEF HANDAJI

CIP a Camerei Naţionale a Cărţii

Handaji, Youssef

Le Contrôle de Gestion Sociale / Youssef Handaji. – Chişinău : Generis Publishing, 2020 (Print on demand). – 71 p. : fig., tab.

Referinţe bibliogr.: p. 70.

ISBN 978-9975-154-30-7

005.95/.96 H 22

Cover image: www.pixabay.com

Generis Publishing, marque de la SRL Online Marketing Group

Address: MD-2068, Chisinau, Miron Costin 17/2, Of. 519

Online orders: www.generis-publishing.com

Orders by email: info@generis-publishing.com

Introduction

Le contrôle de gestion a connu une évolution majeure depuis son instauration ; il semble de plus en plus s'éloigner de son rôle de support au service comptable. Le contrôleur de gestion aujourd'hui ne se contente plus d'effectuer le reporting financier et à trouver les clés de répartition analytiques, mais au-delà il prend une dimension à la fois plus opérationnelle et plus stratégique selon le service et la structure dans laquelle il travaille.

Le contrôle de gestion est né du besoin de maîtriser des unités décentralisées, de répartir et de contrôler les filiales de groupes de plus en plus complexes et dématérialisés. Son rôle actuel est de plus en plus basé sur une notion de qualité et de benchmarking.

Le Contrôle de Gestion social, qui est une des filières du Contrôle de Gestion, est un système d'aide au pilotage **social** de l'organisation ayant pour objectif de contribuer à **la gestion** des ressources humaines dans leurs performances et les coûts **qu**'ils engendrent. (Bernard MARTORY).

Le contrôle de gestion sociale a également connu un développement important durant la dernière décennie pour multiples raisons (augmentation du poids des frais de personnel dans les coûts des produits et services vendus, contraintes et obligations légales de reporting social, pénibilité, sophistication des politiques de rémunération, contraintes économiques et donc recherche d'optimisation et de maîtrise de la masse salariale, …)

Le service contrôle de gestion sociale doit contribuer donc à une gestion fiable des effectifs et des frais de personnel par le pilotage et l'analyse des sources d'écarts de la masse salariale, par un reporting fiable répondant aux obligations Ressources Humaines (RH) et par la mise en place d'indicateurs RH pour faciliter la prise de décision.

Partie I : Bien mener un Diagnostic des Ressources Humaines (RH)

Chapitre 1 : Composantes du Diagnostic RH

Un bon diagnostic RH commence par une première analyse de la pyramide des âges par Service. Nous allons expliquer dans le paragraphe suivant comme y procéder.

Ensuite, on s'intéressera de plus près aux services les plus représentatifs (la loi du Pareto 80/20).

Dans l'exemple, ci-dessous, nous allons prendre un cas pratique d'une société ALPHA pour l'exercice 2005 afin d'illustrer cette analyse.

1-1) PYRAMIDE DES AGES :

Nous commençons par collecter la base de donnée de tous les effectifs, puis établir une répartition par service.

Exemple d'illustration : Société ALPHA

Répartition des effectifs par service

Services	%
Exploitation	67 %
Maintenance	13 %
Technique	07 %
Administration	04 %
Gardien	04 %
Manoeuvre	04 %
Qualité/sécurité	01 %
Total	**100 %**

Analyse du tableau de répartition des effectifs :

Nous remarquons que Le service "Exploitation" dans la société **ALPHA** représente **67 %**, donc notre analyse se focalisera sur les fonctions au sein de ce service.

Analyse de l'effectif du service *Exploitation* :

Fonctions	%
Chauffeur	41 %
Conducteur Engins	34 %
Ouvrier spécialisé	16 %
Chef d'équipe	03 %
Chef de chantier	03 %
Chef de poste ou concasseur	01 %
Ingénieur travaux	01 %
Chef de dépôt	01 %
Total	**100 %**

La fonctions "Chauffeurs" et "Conducteurs Engins" représente respectivement 41% et 34% soit au total entre les deux 75%, d'où notre intérêt à analyser ces deux fonctions pour prévoir et anticiper les éventuels départs en retraite, besoins en recrutements, en formation, …

<u>Schéma graphique de la pyramide des âges globale de la société ALPHA:</u>

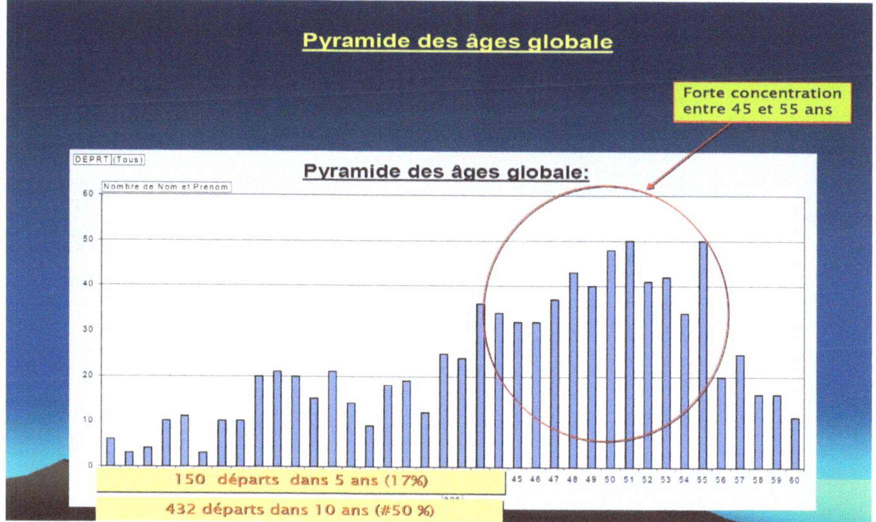

L'élaboration de cette pyramide nous permet de déceler et détecter les éventuelles concentrations d'âges et donc prévoir et planifier les départs en retraite dans les 5 - 10 ans à venir surtout pour les fonctions critiques au sein de l'entreprise.

D'après notre analyse précédente, et en appliquant le principe du Pareto, on poussera notre analyse de la pyramide des âges des deux fonctions du service exploitation qui représentent tous les deux 75%.

Pyramide des âges Conducteurs d'engins :

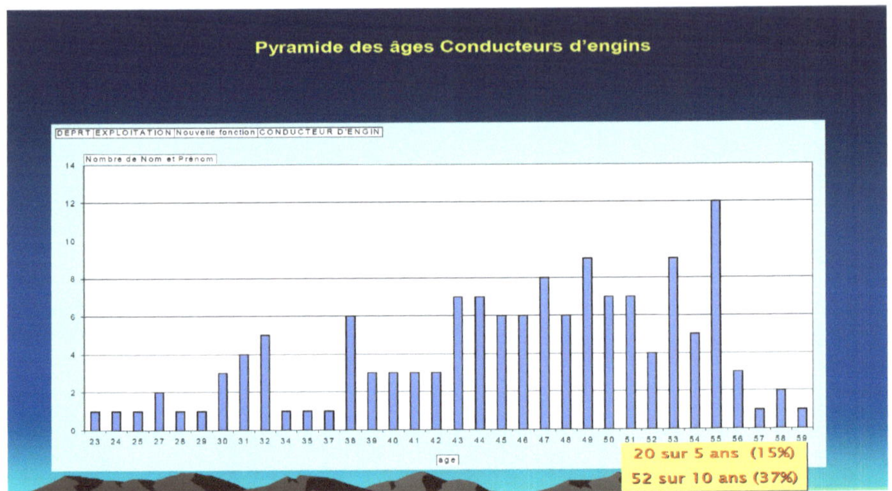

Pyramide des âges chauffeurs

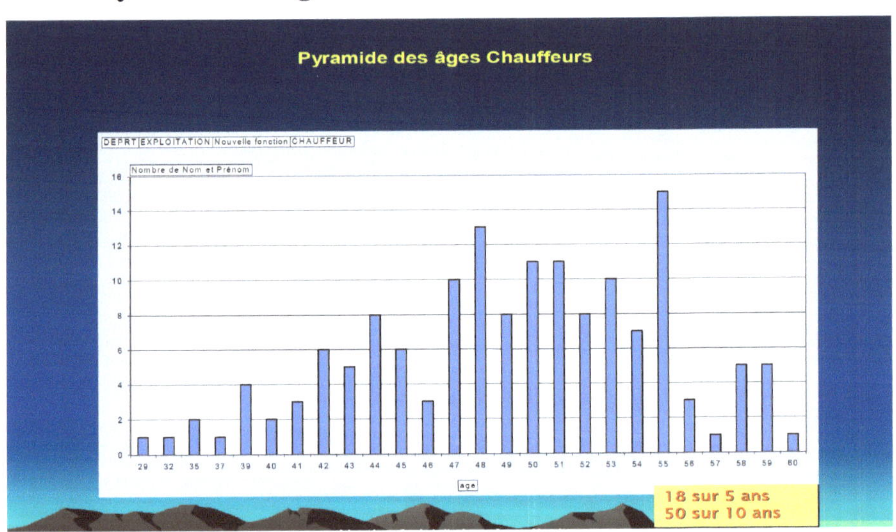

La pyramide des âges est un outil primordial pour le Contrôle de gestion sociale afin d'aider les ressources humaines à optimiser, recruter, former et planifier le tout à l'avance et surtout tomber en pénurie des compétences rares et critiques pour la bonne démarche de l'entreprise.

2-2) ANALYSE DES EFFECTIFS :

Toujours dans le cas pratique de la société *ALPHA*, nous allons faire une projection de l'évolution des Effectifs en tenant en considération les conclusions tirées des pyramides des âges, à savoir les prochains départs en retraite dans les 5-10 ans à venir :

EVOLUTION DE L'EFFECTIF

	EMPLOIS	Effectif 2005	Evolution Effectif Horizon 2009 / 10		Horizon 2014 / 15	
EXPLOITATION	CHAUFFEUR	150	120	20%	73	51%
	CONDUCTEUR D'ENGIN	141	121	14%	89	37%
	OUVRIER SPECIALISE	82	72	12%	52	37%
	CHEF D'EQUIPE	55	40	27%	28	49%
	CHEF DE CHANTIER	31	29	6%	21	32%
	CHEF DE POSTE	18	15	17%	9	50%
MAINTENANCE	OUVRIER SPECIALISE	102	89	13%	64	37%
	CHEF D'EQUIPE	9	7	22%	4	56%
	MAGASINIER	14	12	14%	8	43%
MANŒUVRE	MANŒUVRE	64	58	9%	51	20%
GARDIEN	GARDIEN	71	47	34%	21	70%

Analyse:

Axes principaux du plan d'action de recrutement

Accélérer le recrutement des cadres

- 40% de départs sous 10 ans (30 Personnes)

Préparation de la relève :

- Chef de chantier et Chef d'équipe avec des profils plus adaptés à nos besoins
- Chauffeurs et Conducteurs d'engin en ciblant les machines en fonction de l'évolution du marché
- Former et recruter des ouvriers spécialisés

2-3) <u>MASSE SALARIALE</u> :

La masse salariale reste une composante primordiale dans le CG social. Le contrôleur de gestion sera amené à décortiquer la masse salariale globale et par service en faisant ressortir les moindres écarts, les **augmentations en niveau et en masse,** les expliquer et faire la projection en tenant compte des obligations légales, des besoins de recrutement et de la conjoncture économique du secteur.

Exemple de l'évolution de la masse salariale sur 3 ans de la Société *ALPHA*

Année	Total MS	CA HT	MS/CA	Eff. Moyen	h à 100%	h à 125%	h à 150%	h à 200 %	Total NHT	CA/H
TOTAL 2004	10 032	100 771	10%	202	547 739	81 735	37 917	7 607	674 998	149
TOTAL 2005	13 975	163 518	9%	208	608 243	85 453	37 291	4 207	735 194	222
TOTAL 2006	15 524	174 295	9%	219	497 882	204 525	53 485	3 672	759 564	229

Année	Total MS	CA HT	MS/CA	Eff. Moyen	CA/H	NBT/Agent	Sal Horaire moyen	CA/Agent
TOTAL 2004	10 032	100 771	10%	202	149	3 346	50	499
TOTAL 2005	13 975	163 518	9%	208	222	3 535	67	786
TOTAL 2006	15 524	174 295	9%	219	229	3 463	71	795

MS: masse salariale

CA HT: chiffre d'affaires hors taxes

CA/H: chiffre d'affaires divisé par volume horaire

NBT/Agent: Total des heures travaillées par chaque agent

Analyse des augmentations en *Niveau* et en *Masse* :

Définition :

Augmentation en niveau

Elle mesure l'évolution de la masse salariale sur l'année entière.

$$\text{Aug. En Niveau} = \frac{\text{Masse salariale à fin décembre 2005}}{\text{Masse salariale à fin   décembre 2004}}$$

Exemple de société APLHA

Aug. en niveau   = **1.545 / 1.012 = 1,53**

Augmentation en masse

$$\text{Aug. En Masse} = \frac{\text{Masse salariale de l'année N}}{\text{Masse salariale de l'année N-1}}$$

Exemple de société APLHA

Aug. En Masse **= 14.175 / 10.032 = 1,42**

Partie II : Contrôle de Gestion Sociale

<u>Chapitre 1 : Principes et méthodologie</u>

Comme évoqué dans l'introduction de cet ouvrage, le contrôle de gestion sociale est le pilotage socio-économique d'une entreprise, c'est-à-dire le pilotage social qui intéresse les ressources humaines, et le pilotage économique, qui intéresse les contrôleurs et les financiers.

Il se décline autour de trois axes :

<u>1. Stratégies et analyses en termes socio-économiques</u>

Il s'agit ici de désigner la cible qui peut être sociale, telle le taux d'absentéisme, ou économique, telle le pourcentage de variation de la masse salariale.

A partir d'une situation actuelle, et compte-tenu d'un environnement fortement évolutif, il convient de dessiner une trajectoire idéale qui intègre les informations socio-économiques suivantes : budget, tableaux de bord et outils de pilotage.

Le contrôle de gestion sociale consiste à conduire des analyses socio-économiques déclinant des stratégies définies par le *business,* le marketing et l'industrie.

La problématique des ressources humaines relève de la mobilisation des hommes et des équipes. Celle des contrôleurs de gestion et des financiers s'articule autour de l'optimisation des emplois et des ressources, afin de maximiser les valeurs.

La politique salariale d'une entreprise poursuit généralement trois objectifs :

- sécuriser, à travers les salaires de base, les augmentations générales et les systèmes de retraites,

- motiver, à travers les augmentations individuelles, les primes et les avantages en nature,

- associer, à travers les systèmes de participation.

Le pilotage devra veiller à ne pas dépasser un seuil de variation de la masse salariale. Celle-ci est une variable clé des équilibres financiers et sociaux de l'entreprise. Les outils de la politique sociale sont liés aux embauches, aux départs, à la variation des rémunérations et aux fluctuations de l'activité. Les outils prioritaires d'action sur la performance restent les systèmes de promotions et de primes.

Le contrôle de gestion sociale a comme vocation de réguler des stratégies industrielles. Son implantation relève largement de l'initiative des directions générales, à la suite, par exemple, d'un dérapage concernant la masse salariale.

2. Tableaux de bord et *reporting* pour accroître la visibilité

Il existe plusieurs types de tableaux de bord :

* le suivi des effectifs et des temps,
* la mesure des performances des collaborateurs et des équipes,
* l'analyse des frais de personnel,
* le suivi de la mobilisation des hommes et des équipes

Le contrôleur de gestion sociale choisira et concevra les TB de reporting les plus pertinents selon le secteur, les orientations et les besoins du management dirigeants et des utilisateurs.

3. Les budgets pour piloter la création de valeur

Le contrôle de gestion sociale s'inscrit dans la démarche budgétaire de l'entreprise, qu'il ne réinvente pas. Il met à la disposition des contrôleurs de gestion et des financiers des informations les plus fiables possible.

La démarche budgétaire comprend :

* le budget d'effectifs, qui intéressent les ressources humaines, les contrôleurs, les opérationnels et les directions
* les temps, qui intéressent les opérationnels, les managers et

éventuellement les contrôleurs et les ressources humaines

• le budget de la masse salariale et les frais de personnels, à savoir les intérimaires, qui intéressent les contrôleurs

  • La mise en œuvre de la politique salariale sur le terrain nécessite une collaboration étroite entre les fonctions DRH et DAF.

Chapitre 2 : Indicateurs de suivi et tableaux de bords sociaux

2-1/ Indicateurs de suivi des effectifs :

L'effectif est le nombre de salariés liés à une entreprise par un contrat de travail quels qu'en soient la forme, la durée, le caractère permanent ou à temps partiel, même si l'exécution du contrat est suspendue.

Ainsi, il est nécessaire de compléter le terme effectif d'un ou plusieurs qualificatifs permettant de le définir précisément.

L'utilisation des effectifs se fait selon deux approches:

1 l'approche stratégico-économique utilisée dans la conception des tableaux de bord,

2 l'approche légale qui traduit les engagements de l'entreprise, volontaire comme les contrats de travail, ou subie en tant qu'engagement vis à vis de la société.

Les sept grandes familles communément utilisées sont les suivantes:

- L'effectif théorique ou habituel : salariés permanents
- L'effectif inscrit = effectif théorique – contrats suspendus pour absences de longue durée – travailleurs à domicile.

- <u>L'effectif permanent</u> = effectif initial - départs – CDD – temps partiel.
- <u>L'effectif initial</u> : salariés présents le 1/01/N.
- <u>L'effectif fiscal</u> = effectif initial + entrées.
- <u>L'effectif présent</u> = effectif payé – absents rémunérés
- <u>L'effectif au travail</u> = Effectif présent – personnes ne travaillant pas
  Réellement pour l'activité constituant leur occupation habituelle

Les différentes façons de mesurer l'effectif

-Effectif instantané : mesuré à une date donnée.

-Effectif moyen : calculé comme un stock moyen.

-Effectif moyen annuel : somme des effectifs mensuels / 12

-Effectif inscrit : toute personne est comptée pour 1 quel que soit son type d'emploi.

-Effectif pondéré : la pondération est effectuée en fonction du temps d'emploi de chaque salarié, rapporté au temps normal dans l'entreprise. On parle d'effectif ETP (équivalent temps plein).

Schéma d'illustration :

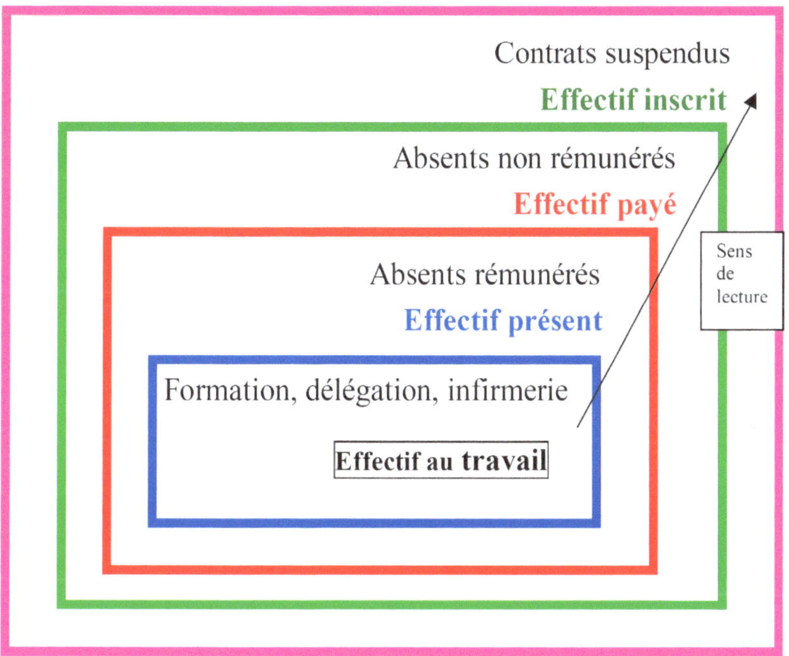

<u>**Choix pertinent des indicateurs :**</u>

L'indicateur doit informer, diagnostiquer et prévoir.

Suivant les mesures à effectuer et les résultats attendus, deux types peuvent être retenus :

- **Effectif inscrit**, déclaré légalement au registre (gestion des hommes, des contrats).

- **Effectif payé** dont l'utilisation est plus économique (calcul masse salariale, budget de frais de personne).

Les RH ont besoin des deux.

A noter qu'avec la flexibilité du temps de travail, il est nécessaire d'envisager des mesures d'effectifs en équivalent heures.

Exemple de Tableaux de bord :

Il existe une multitude de tableaux de bord, le contrôleur de gestion les conçoit selon le besoin et la criticité de chaque information qu'ils sont censés donner, analyser ou refléter.

On peut concevoir un tableau nous permettant un suivi mensuel des mouvements de nos effectifs par service et selon le type des contrats de travail (CDD, Intérim, …), un tableau pour le suivi des accidents de travail et les pertes d'exploitation engendrées.

<u>2-2/Indicateurs liés à la sécurité :</u>

Les indicateurs légaux constituent un fondement pour rassembler des informations sur la sécurité au travail. Ces indicateurs doivent être enregistrés de la manière la plus fréquente possible dans les TBS afin de pouvoir être utilisés dans une optique de pilotage. Ainsi une fréquence d'enregistrement mensuelle voire même hebdomadaire est souhaitable dans les grandes firmes, une fréquence trimestrielle peut être suffisante dans les plus petites firmes.

- **L'accident du travail** : « est considéré comme un accident du travail, quelle qu'en soit la cause, l'accident survenu par le fait ou à l'occasion du travail, à toute personne salariée ou travaillant, à quelque titre ou en quelque lieu que ce soit, pour un ou plusieurs employeurs ou chefs d'entreprise».

- **L'accident avec arrêt** est «tout accident du travail ayant entraîné une interruption de travail d'un jour complet en sus du jour au cours duquel l'accident est survenu et ayant donné lieu à une réparation sous forme d'un premier paiement d'indemnité journalière ».

- **L'accident grave** est « tout accident du travail ayant entraîné soit l'attribution d'une rente d'incapacité permanente soit le décès ».

- **Le décès** : ce sont les accidents pour lesquels la mort est intervenue avant la fixation d'un taux d'incapacité permanente et liquidation d'une rente.

- **Le taux de fréquence** est le nombre d'accidents ayant entraîné un arrêt de travail par million d'heures travaillées.

- **Le taux de gravité** est le nombre de journées de travail perdues par mille heures de travail.

- **L'indice de gravité** est le rapport (total des taux d'incapacité permanente total des heures travaillées) * 1 000 000.

- **Le coût du risque**, c'est le rapport (total des prestations / total des salaires) * 100.

Ainsi un pilotage systématique de la sécurité nécessitera une analyse étendue à enregistrer dans les TBS (Tableaux de Bord Sociaux) couvrant tous les événements mettant en jeu la sécurité des salariés.

Un grand nombre d'accidents sans gravité sont directement traités dans l'entreprise, ce sont des petites blessures, des malaises... etc. Ces accidents ne relèvent d'aucune définition légale mais il est indispensable de les comptabiliser car ils constituent sans nul doute un indicateur de dysfonctionnement du système de sécurité.

Les accidents du travail (avec ou sans arrêt) devront être analysés selon leurs caractéristiques, leur répartition dans le temps, leur corrélation avec certains autres facteurs et leurs conséquences.

Les accidents de trajets qui sont indirectement liés à l'exercice d'une profession doivent également être recensés pour une approche complète de la sécurité, les incidents doivent être analysés car ils auraient pu avoir des conséquences plus graves.

LES COUTS LIES AUX AT

a- Coûts de perturbation :

   * Conséquences matérielles
   - sur les installations (réparations, modifications, remplacements)
   - sur les produits (remise en état, production perdue...)
   - sur le petit matériel

   Total : (1) ----------

   * Conséquences sur le déroulement de la production
   - arrêts de la production dus à l'accident et à l'enquête,
   - arrêts des postes dépendants ou autres
   - arrêts des ateliers dépendants : Coût horaire total * temps d'arrêt

$$\textbf{Total : (2) ----------}$$

* Conséquences commerciales
- retards de livraison sans conséquences financières directes
- paiement d'astreintes
- pertes de ventes, cessions internes
- perte de qualité

$$\textbf{Total : (3) --------}$$

<u>Coût total de perturbation (1) + (2) + (3)</u>

b- Coûts de régulation :

* Remplacement de l'accidenté et remplacements induits.

Remplacement interne :

C'est le cas où un remplaçant est disponible dans l'entreprise, il n'y aura pas de surcoût lié à l'accident. Il faudra cependant vérifier si ce remplaçant n'a pas lui- même été remplacé par une personne extérieure à l'entreprise.

Dans ce cas il faut valoriser la rubrique «sous-productivité du remplaçant interne/standard normal »

Remplacement externe :

On fait appel à un intérimaire : (coût horaire * temps) = perte de productivité du remplaçant standard normal.

* Appel à la sous-traitance

- **Interne** : dans le cas ou un autre atelier peut absorber la production il n'y a pas de surcoût lié à l'accident.

 Dans le cas inverse :

      valeur de l'U.O de l'atelier * nombre U.O cédées.

- **Externe** : dans le cas où l'on fait appel à un sous-traitant extérieur à l'entreprise.

c- Autres modes de régulation

- Heures supplémentaires :

        Coût horaire * NB d'heures
- Achat de produits ou de services extérieurs :

        Coût d'achat – Coût de production interne
- Coût de régulations diverses

d- Conséquences de l'accident sur l'ensemble de l'organisation

- Réunions consécutives à l'accident :

        Temps perdu * coût horaire

- Modification de l'organisation du travail et des équipements dans d'autres ateliers ou d'autres établissements.

Coût total de régulation :-----------------------

Coût total lié à la production =

Coût total de perturbation + Coût total de régulation

Le suivi de la sécurité au travail est non seulement un impératif légal, mais il peut aussi constituer un atout stratégique dès lors que l'on considère que les TBS sont des outils d'aide à la décision.

Exemple de tableau de bord de suivi des AT

		Janvier	Février	Mars	Avril	Mai	Juin
Effectif fin de mois							
Personnel permanent		115	112	119	134	133	127
Personnel temporaire		37	33	42	59	51	44
Total	a	152	145	161	193	184	171
Nombre d'heures travaillées	X	**36 451**	**35 288**	**41 346**	**49 050**	**46 607**	**46 713**
Nombre d'AT (yc de trajet)							
- avec arrêt de travail	Y	1			1		
- sans arrêt de travail							
- accidents mortels							
Nombre de jours de travail perdus	Z	30			18		
Taux de fréquence							
= Y x 1 000 000 / X		27,43	0,00	0,00	20,39	0,00	0,00
Taux de gravité							
= Z x 1 000 000 / X		823,02	0,00	0,00	366,97	0,00	0,00

<u>**3-3 / Indicateurs liés à la Masse salariale :**</u>

Il existe un ensemble d'indicateurs permettant à l'entreprise de faire un suivi de l'évolution de sa masse salariale et de mesurer son impact sur les autres composantes de son activité.

On peut citer :

- Masse salariale annuelle totale / Effectif mensuel moyen.

- Rémunération moyenne du mois de décembre (effectif permanent) hors primes à périodicité non mensuelle.

- Rémunération mensuelle moyenne.

- Part des primes à périodicité non mensuelle dans la déclaration de salaire.

- Grille des rémunérations.

- Hiérarchie des rémunérations.

- Rapport entre la moyenne des rémunérations des 10% des salariés touchant les rémunérations les plus élevées et celle correspondant au 10% des salariés touchant les rémunérations les moins élevées ou rapport entre la moyenne des rémunérations des cadres ou assimilés (y compris cadres supérieurs et dirigeants) et la moyenne des rémunérations des ouvriers non qualifiés ou assimilés.

- Montant global des 10 rémunérations les plus élevées.

- **Effet Noria** : Il mesure l'effet du remplacement, aux mêmes postes, de salariés âgés par des salariés plus jeunes. Ces derniers, en général moins bien payés, permettent à l'entreprise de dépenser moins: on parle alors **d'effet noria positif**. Un **effet de noria négatif** se produit si l'on intègre des salariés plus âgés ou plus qualifiés.

- Effet d'effectif : Il est directement lié au nombre de salariés de l'entreprise. S'il augmente, la masse salariale augmente et inversement. Cela explique pourquoi le recours à des suppressions d'emplois est aisément pratique dans le but de voir la masse salariale baisser.

- Effet de structure : Il se manifeste lorsque des changements interviennent dans la structure des qualifications de l'entreprise. Par exemple, si l'acquisition d'un nouvel équipement entraîne le remplacement d'un salarié peu qualifié par un salarié très qualifié, la masse salariale s'accroîtra sous un effet de structure.

- GVT (Glissement, Vieillissement, Technicité)

Le GVT permet de distinguer les conséquences des différentes augmentations individuelles. il mesure les évolutions de masse salariale liées à trois catégories d'augmentations:

Glissement : il mesure les augmentations accordées sans qu'il y ait transformation, ni de la qualification, ni de la nature du travail.

Vieillissement : il mesure les effets d'évolution des taux des primes d'ancienneté   ou l'application   de   mesures d'augmentations automatiques;

Technicité : elle correspond aux changements de qualification d'un agent.

Les modes de calcul de ces indicateurs sont les suivants:

-**Salaire moyen :** c'est le Rapport entre Somme des rémunérations annuelles des salariés permanents et le Nombre de salariés.

-**Taux de progression** du salaire moyen peut se calculer de cette manière : Rapport entre Chiffre d'affaires nominal par salarié et Niveau des prix dans le secteur professionnel.

-**Salaire médian :** c'est le niveau de salaire tel qu'il y ait un nombre égal de salariés qui perçoivent un salaire supérieur et un salaire inférieur.

Le salaire moyen et salaire médian sont généralement déterminés par catégorie professionnelle ou type d'emploi dans l'entreprise, par site ou par sous-unité budgétaire et/ou par sexe.

-**Coût moyen salarial :** est le Rapport entre *Coût des heures travaillées, d'intérim, Supplémentaires* et le *Nombre d'heures travaillées, d'intérim, supplémentaires.*
il sera exprimé par catégorie et par sous-unité budgétaire.

-**Hiérarchie des rémunérations :** est le <u>Rapport entre</u> *Salaire d'embauche ou salaire mini* <u>et le</u> *salaire maxi.* Ce ratio s'exprime pour l'ensemble de la société, un site et/ou une catégorie d'emploi.

-**Amplitude générale des rémunérations :** est le <u>Rapport entre</u> *Salaire moyen ou médian des postes les moins* *rémunérés* <u>et le</u> *Salaire moyen ou médian des postes les mieux rémunérés.*

Tous ces indicateurs permettent de mesurer les disparités entre les salaires.

Exemple Tableaux de bord :

Le tableau de bord suivant permet d'analyser les dérives à partir de la situation au 1er janvier de l'année de référence :

Politique salariale et budget N+1

A   EFFECTIFS PRESENTS AU 01/01/N+ 1
A1- MASSE SALARIALE THEORIQUE BASE JANVIER
A2- Effets ancienneté
A3- Augmentations prévisibles des charges
Masse salariale théorique (Al +A2+A3)

B   POLITIQUE SALARIALE (B 1 +B2)
B1 Augmentation générale - en niveau - en masse
B2   Augmentation individuelle - en niveau - en masse

C   VARIATIONS D'EFFECTIFS ET D'EMPLOIS CI+ (-C2)
CI   Entrées : - nombre d'embauches prévues en cours d'année - impact financier de ces départs
C2   Départs : - nombre de départs prévus en cours d'année - impacts financiers de ces départs
Total masse salariale prévue (A+B+C)
D   VARIATIONS D'ACTIVITE DI+ (-D2)
Dl   Heures supplémentaires
D2   Chômage partiel

TOTAL MASSE SALARIALE BUDGETEE (A+B+C+D)

COMPARAISON REALISEE MS N-I

3-4 / Indicateurs liés à l'absentéisme et son coût :

L'absentéisme est le fait de ne pas être présent sur son lieu de travail, et de ne pouvoir effectuer son travail.

A travers la multitude de motifs d'absence (congés payés, maternité, maladie, accident, etc.), il est nécessaire de distinguer les absences susceptibles d'entraîner un maintien de salaire des autres.

Différents indicateurs de l'absentéisme :
- Nombre de journées d'absence
- Nombre de journées théoriques travaillées
- Nombre de journées d'absence maladie

- Répartition des absences maladie selon leur durée
- Nombre de journées d'absence pour accident du travail ou maladie professionnelle
- Nombre de journées d'absence pour maternité
- Nombre de journées d'absence pour congé autorisé
- Nombre de journées d'absence imputables à d'autres causes

Les modalités du suivi de l'absentéisme sont donc multiples et diffèrent selon les objectifs de la DRH qui le mène. Les outils de mesure sont donc nombreux et il appartient à la DRH de retenir les indicateurs les plus pertinents pour suivre les problèmes spécifiques de son organisation.

Définition Gravité de l'Absence:

$$\text{Ratio de gravité de l'absentéisme} = \frac{\text{Nombre total d'heures d'absence}}{\text{Nb d'h. travaillées} + \text{Nb d'h. D'absence}}$$

Ce ratio indique la proportion d'absence dans le temps théorique de travail de la population considérée et permet ainsi d'évaluer la part prise, par de tels contretemps, dans la non réalisation des prévisions.

Définition de la Fréquence de l'absence :

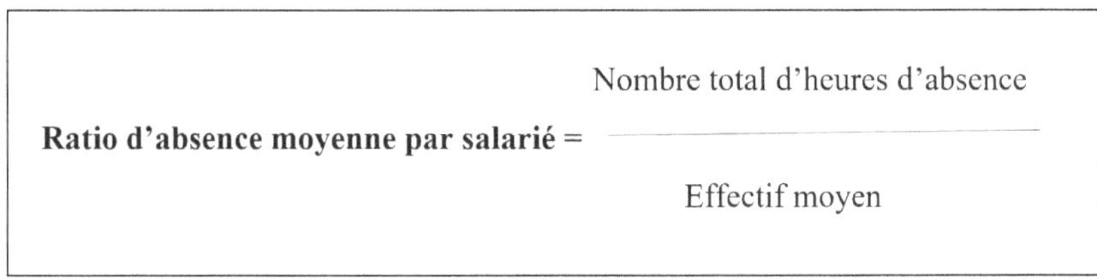

Ce ratio permet de mesurer la répétitivité de ce comportement dysfonctionnel au sein du groupe de salariés étudié.

Il peut se révéler intéressant de calculer ce ratio séparément pour chaque service. La comparaison entre les différents ratios obtenus peut alors permettre de repérer les services où règnent des conditions de travail difficiles.

Il peut également s'avérer intéressant d'étudier la durée moyenne des absences en rapportant le nombre d'heures d'absences au nombre d'absences observées sur la période considérée.

Moyenne des absences par salarié

Les coûts susceptibles d'être engendré par l'absentéisme ont déjà été traités dans des coûts liés aux AT.

Chapitre 3 : Contrôle budgétaire

3-1 Budgétisation des effectifs :

Parmi les caractéristiques communes aux entreprises performantes, on relève le plus souvent les deux suivantes :

- un climat social satisfaisant, associé à une mobilisation complète des ressources humaines.

- une gestion prévisionnelle traduisant les perspectives stratégiques dans les différents domaines fonctionnels et opérationnels.

Ainsi la mise en place des budgets d'effectifs concrétise parfaitement, en terme d'outils, ces deux éléments de la performance.

Définition : Les budgets d'effectifs présentent et analysent l'évolution de la population salariée ou bien encore de la population présente au travail sur une période donnée (l'année en général) pour une fonction, un statut, une sous-unité ou l'ensemble de l'organisation.

Approche opérationnelle de la gestion des effectifs de court terme (un an tout au plus) : Il s'agira, dans cette partie, d'expliciter les outils de suivi journalier de la population salariée de l'organisation selon le processus : prévision - contrôle – réajustement.

3-1-1 : Les mouvements d'effectifs :

Les sorties certaines :

Quelles sorties de personnel ?

> - Les licenciements pour cause économique.
>
> - Les départs en préretraite et en retraite.
>
> - Les fins de CDD.
>
> - Les mutations d'un établissement à un autre.

Par extension nous pouvons assimiler les absences justifiées telles que :

> - les congés maternité
>
> - les congés payés

Ils sont certes temporaires et n'entraînent pas de rupture du contrat de travail mais ont des répercussions sur l'effectif « productif ». Ces personnes doivent être remplacées.

Les sorties incertaines : Point de repère ?

On ne peut les prévoir.

Quelles sorties de personnel ?

> - Les démissions.
>
> - Les départs en cours de période d'essai.
>
> - Les décès.
>
> - Les licenciements pour des causes autres

qu'économiques.

Par extension nous pouvons assimiler les absences justifiées telles que

     - Les arrêts maladie.

     - Les accidents du travail.

Comment prévoir ?

Projeter les données de l'année précédente en leur appliquant un coefficient reflétant la politique de l'entreprise.

- décès et sécurité :

Nombre de décès N-1* (1+x)

Effectif sur le lieu de travail

x = coefficient relatant la politique de sécurité de l'entreprise

- démissions :

Nombre de démissions N-1 * (x)

x = coefficient relatant le climat social de l'entreprise

<u>Exemple</u>

Causes	N-1		Prévision N		Réalisation N		Ecarts	
	Effectif concerné	% de l'effectif total	Effectif concerné	% de l'effectif total	Effectif concerné	% de l'effectif total	Valeur absolue	Analyse des écarts
Arrêts maladie								
Accidents du travail								
Démissions								
Départs en cours de période d'essai								
Décès								
Licenciements								
Par services								

Les entrées certaines :

- <u>Point de repère ?</u>

Dépendent de la stratégie à moyen ou long terme de recrutement.
Dépendent des sorties certaines.

- <u>Quelles entrées de personnel ?</u>
    - CDI ;
    - CDD ;

- stages ;

- contrats d'apprentissage ;

- **Comment prévoir ?**

- Effectifs CDI de N-1 * (1+x)

x = coefficient relatant la conjoncture et les besoins en personnel.

Les entrées incertaines :

- **Point de repère ?**
- Reflètent une variation de l'activité, ponctuelle et exceptionnelle.
- L'anticipation de cette croissance d'activité n'aura pu être prévue.
- Dépendent des sorties incertaines de personnel.

- **Quelles entrées de personnel ?**
- CDD dont travailleurs saisonniers
- Le nombre de travailleurs extérieurs :
  Stagiaires et Travailleurs temporaires

- **Comment prévoir ?**

Nombre de CDD (sauf travailleurs saisonniers) de N-1 * (1+x)

x = coefficient reflétant l'activité du secteur.

Ajuster « x » aux besoins exprimés par l'entreprise et prendre en compte sa politique de stabilisation de l'emploi (recours massif aux emplois précaires ou non).

<u>Les matrices de postes : Un outil de réflexion budgétaire</u>

Les matrices de postes vont nous permettre d'aborder la notion d'effectif en intégrant l'aspect qualitatif et l'idée de compétence.

Ainsi en partant du classement des emplois que possède toute entreprise pour établir la paie, il est intéressant de recenser les compétences par type de postes occupés.

Beaucoup d'entreprises utilisent cette approche en vue d'initialiser une gestion budgétaire à double titre :
 - La matrice représente un état des effectifs budgétaires.
 - La comparaison entre l'état actuel et la cible permet d'opérer des réflexions sur les ajustements à mener pour réaliser pour atteindre ses objectifs.

Exemple de Matrice de postes :

		Niveaux de qualification					
		Cadres	AM	Technicien	Employés	OP/AP	TOTAL
Exploitation	Ingénieur travaux	2					2
	Chef de chantier			6			6
	Chef d'équipe			2			2
	Chauffeur					30	30
	TOTAL	2		8		30	40
Maintenance	Chef d'atelier	1					1
	Mécanicien			5		3	8
	Electricien			2		1	3
	Soudeur			1		3	4
	TOTAL	1		8		7	16
Administration	Chef de service	1					1
	Comptable		1		1		2
	Coursiers				2		2
	Secrétaire		1				1
	TOTAL	1	2		3		6

<u>3-1-2 : La planification et les indicateurs de suivi</u> :

La planification quantitative

- ajustement des effectifs à moyen et long terme
- prévoir les ajustements pour atteindre les objectifs
- cadre stratégique des projections budgétaires d'effectifs
- Trois étapes :

Ressources ⊠ **Besoins** ⊠ **Régulations /ajustements**

1ère étape : élaboration d'une cible à 5 ans

Elle s'élabore compte tenu :

- des perspectives de marchés et des stratégies de l'unité ;
- de l'état des moyens de production et de l'évolution prévisible de la productivité.
- de différentes formes d'organisation possibles pour atteindre les objectifs.

Exemple :

Besoins sur Cinq ans en terme de personnel d'exploitation

Qualification	Effectif actuel	N+1	N+2	N+3	N+4	N+5
Chauffeurs d'engins						
Conducteurs d'engins						
Ouvriers spécialsés						
Chefs de chantiers						
Chefs d'équipes						
Ingénieurs travaux						

2ème étape : l'état des ressources

Il s'agit de :

- de simuler un vieillissement progressif de la population salariée

- Tenir compte des 3 facteurs d'évolution :

> Les départs en retraite (pyramide des âges).

> Les départs dus au turn-over habituel.

> Les promotions, changements de qualifications

3ème étape : les ajustements

Evolution des effectifs :

Effectif au 31/12/N+1   Ne tient pas compte de la nature   Effectif au 31/12/N   du contrat

Effectif moyen N+1   Pas de distinction entre CDI   Effectif moyen N   et autres contrats

Effectif moyen + travailleurs extérieurs N+1   Effectif moyen + travailleurs extérieurs N

Effectif à durée indéterminée N+1   Evolution de l'emploi Effectif à durée indéterminée N   limitée aux CDI

Suivi et mesure des départs :

Il existe des ratios de suivi des mouvements du personnel, qu'il faudrait analyser et en tirer les causes pour bien mesurer le climat social au sein de l'entreprise. On peut citer :

$$\frac{\text{Départs en cours de période d'essai}}{\text{Recrutements déclinés selon initiative employeur ou salarié}}$$

$$\frac{\text{Démission}}{\text{Effectif moyen}}$$

$$\frac{\text{Licenciement pour autre cause qu'économique}}{\text{Effectif moyen}}$$

$$\frac{\text{Licenciement pour autre cause qu'économique N+1}}{\text{Effectif total au 31/12/N}}$$

Survie du personnel :

On peut mesurer la survie du personnel en utilisant les indicateurs suivants :

$$\frac{\text{Effectif permanent N+1}}{\text{Effectif total au 31/12/N}} \qquad \text{toutes cause de départs confondues}$$

$$\frac{\text{Salariés en CDI ayant au moins un an d'ancienneté}}{\text{Embauches en CDI}}$$

Il peut être intéressant de comparer ces ratios avec :
- autres filiales ou établissements du groupe
- entreprises du secteur ou de la région

Evolution de l'emploi :

$$\frac{\text{Cadres} + \text{Maîtrise N+1}}{\text{Effectif total N +1}}$$

Taux de l'encadrement

Si >1   renforcement

$$\frac{\text{Cadres} + \text{Maîtrise N}}{\text{Effectif total N}}$$

$$\frac{\text{Nombre de promotions internes}}{\text{Nombre de salariés permanents}}$$

Taux de promotion

des effectifs

$$\frac{\text{CDD} + \text{Intérimaires (en ETP)}}{\text{Effectif permanent (ETP)}}$$

Poids du travail précaire

Nous avons mis en évidence l'importance fondamentale d'un suivi formalisé des effectifs au sein des services ressources humaines. Il en va de la pérennité de la fonction et de la performance globale de l'organisation. La maîtrise des problématiques relatives à la gestion des effectifs est donc créatrice de valeur pour les entreprises qui ont su mettre en place des outils appropriés. Elle peut être source d'avantages concurrentiels

3-2 / Budgétisation de la Masse Salariale:

La maîtrise des frais de personnel répond à une triple demande d'amélioration des processus de gestion et de contrôle:

- une meilleure anticipation

- des outils de simulation plus précis

- des systèmes d'information et de contrôle adaptés à un pilotage décentralisé des Ressources humaines

3-2-1 : Logique de budgétisation des FDP

a) - La logique budgétaire

Comment organiser l'évolution des rémunérations ?

Comment programmer les effectifs ?

Comment contrôler les frais de personnel par centre?

Comment va évoluer la masse salariale?

b) - Les différents niveaux d'élaboration et d'analyse budgétaire

Il y a 2 méthodologies d'analyse budgétaire des frais de personnel :

* Les budgets sur base individuelle: suivre l'évolution des frais de personnel d'une personne puis effectuer les agrégations nécessaires :

- Permet de constituer un support au suivi individualisé des rémunérations. ● Autorise un pilotage extrêmement serré des engagements salariaux.

- Lourd à mettre en oeuvre

* Les budgets par catégorie de rémunération ou par poste :

Chaque budget résulte de la combinaison d'un salaire moyen par un effectif sur la période d'étude et de charges sociales par catégorie.

- Suppose un raisonnement sur un grand nombre de salariés et dans des situations salariales homogènes.
- Mise en oeuvre rapide et relativement simple.
- N'autorise pas la gestion individualisée
- Perspective plus imprécise.

c) - Le budget de la masse salariale

La gestion de la masse salariale est complexe du fait de la diversité des paramètres à considérer:

- Eventail large des qualifications
- Pyramide des âges de l'effectif
- Systèmes de rémunérations semi variables
- Pluralité des conventions collectives dans les groupes
- Cadre réglementaire contraignant et confus.

Cette variété de paramètres conduit à scinder l'étude de la gestion de la masse salariale en plusieurs étapes :

❶ Détermination de la masse salariale en fonction des besoins :

Détermination du volume horaire annuel nécessaire puis identification de la capacité de travail disponible.

❷ Analyse des variations de la masse salariale : plusieurs causes :

- Politique de rémunération
- Variation de ou dans l'effectif

d) - La construction budgétaire

Deux options possibles :

- La procédure budgétaire classique : On retient les éléments   de rémunération de la fin de l'année A-1.

Généralement on prend les éléments de rémunération de septembre ou octobre A- 1 que l'on projette au 01/01/A.

- Le budget base zéro (BBZ) : On repense intégralement un budget sans faire référence au passé.

Trois (3) étapes successives :

- Découpage de l'organisation en unités décisionnelles de base homogènes.
- Etablissement de propositions budgétaires : Chaque responsable présente plusieurs variantes pouvant revêtir deux formes:

- Budgets mutuellement exclusifs

- Budgets complémentaires

- Hiérarchisation des propositions: plusieurs critères de classements sont envisageables:

* Critère de rentabilité

* Système de notation

3-2-2 / Comment évolue la masse salariale « MS »

a) - Évolution de la MS

• La masse salariale apparaît comme une donnée brute, calculée périodiquement. Ce sont les variations de la masse salariale plutôt que son
niveau brut qui constituent les variables stratégiques pour les décideurs sociaux et financiers.

• Les évolutions de la masse salariale peuvent être traduite par le schéma ci- après :

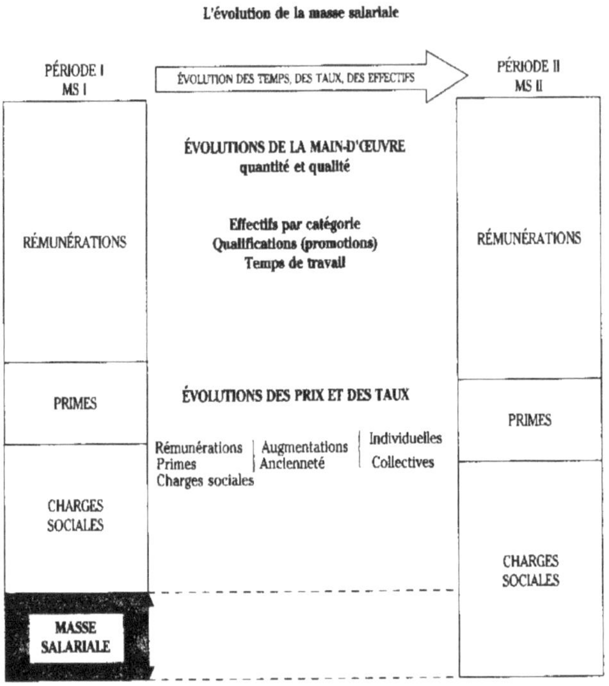

b) - Les sources de variation de la MS

On peut distinguer deux groupes de facteurs d'évolution de la masse salariale qui se combinent pour provoquer la variation globale :

- ceux qui affectent la main d'oeuvre et ses conditions d'emploi
- ceux qui concernent les prix et les taux de rémunération et de cotisations sociales.

Les évolutions de la main d'oeuvre, en quantité et en qualité :

-les évolutions des effectifs par catégories embauches et/ou départs, mouvements internes de personnel entre catégories ou zones géographiques;

-les changements de qualification, c'est à dire la mise en œuvre du système de promotion au sens large (à l'ancienneté ou au mérite);

-les modulations du temps de travail : accroissement par le recours aux heures supplémentaires, réduction par le développement du temps partiel…

Les évolutions des prix et des taux :

- les rémunérations et les prîmes, dont les variations s'effectuent à travers des mécanismes de natures différentes : augmentation générale ou individualisée, en taux ou en valeur absolue, au mérite ou à l'ancienneté.

La rémunération peut évoluer également en fonction d'évènements extérieurs.

3-2-3 / La détermination des propositions d'augmentations

Exemple : le cas d'une entreprise Y

Le budget de cette entreprise consacré aux augmentations est de X kdhs .

Le choix des augmentations correspond à des choix de politique salariale classique :

- augmentations générales pour les niveaux de salaires inférieurs
- enveloppes d'augmentations individualisées pour les niveaux les plus élevés
Une enveloppe « prime variable » est accordée au personnel de production afin qu'il améliore ses performances.

- On peut donc prendre conscience de la spécificité du contrôle de gestion sociale qui prend en compte la double contrainte :

-le contrôle de gestion et la dérive financière -la gestion sociale et les rémunérations

- L'objectif étant d'utiliser l'enveloppe budgétaire en évitant de créer des déséquilibres entre les catégories.

<u>Modèle d'un budget de base</u>
Cette présentation autorise un suivi mensuel des engagements totaux, par type de frais du personnel et par mois.

Exemple :

	TOTAL	Janvier	Février	Mars	Avril	Mai	Juin
TOTAL SOCIÉTÉ							
Salaire fixe	7 939 694	661 641	661 641	661 641	661 641	661 641	661 6
Augmentation individuelle	–	–	–	–	–	–	–
Augmentation générale	–	–	–	–	–	–	–
Ancienneté	899 313	72 555	72 873	72 973	73 496	73 782	75 0
Prime imposable	336 384	28 032	28 032	28 032	28 032	28 032	28 0
Total 1	*9 175 391*	*762 228*	*762 546*	*762 646*	*763 139*	*763 455*	*764 7*
13ᵉ mois	766 598	63 883	63 883	63 883	63 883	63 883	63 8
Total soumis	*9 941 989*	*826 111*	*826 429*	*826 529*	*827 052*	*827 338*	*828 6*
Cotisation Brut	1 615 573	134 243	134 295	134 311	134 396	134 442	134 6
Cotisation A	1 524 702	126 610	126 635	126 635	126 682	126 693	126 7
Cotisation B	827 021	68 757	68 801	68 818	68 818	68 864	68 9
Cotisation C	11 489	958	958	958	972	972	1 0
Total cotisations	*3 978 785*	*330 568*	*330 690*	*330 723*	*330 868*	*330 971*	*331 3*
Total 2	*13 920 774*	*1 156 679*	*1 157 119*	*1 157 252*	*1 157 920*	*1 158 309*	*1 159 9*
Prime non imposable	–	–	–	–	–	–	–
Total budget	**13 920 774**	**1 156 679**	**1 157 119**	**1 157 252**	**1 157 920**	**1 158 309**	**1 159 9**
Effectif	50	50	50	50	50	50	

3-2-4 / Les écarts
a)- Comparons ce qui est comparable

Ecarts paie – budgets – comptabilité

Retraitements entre les données de la paie, de la comptabilité et du budget

Différences au niveau des montants et des périodes

b)- Les différents types d'écart :

Ces écarts sont surtout présents, au niveau de :

- Des congés payés
- Des indemnités de départ
- Du lissage des coûts dans le budget

Arbitrage :

Soit on s'aligne sur la logique de la paie et on établit un budget des paiements Soit on conserve la logique budgétaire avec un étalement des paiements
(c'est en général cette logique qui est retenue)

Le plus souvent c'est le budget qui est retraité pour pouvoir être comparé au réel paie.
Ces écarts doivent donc être évalués pour être ensuite exclus de l'analyse d'écarts budgétaires .

c)- Le niveau d'activité, notion de budget flexible :

Pour réaliser des comparaisons indépendamment des éléments accidentels, non répétitifs affectant la masse salariale, il convient de prendre en compte la variation de l'activité qui va avoir un effet sur la masse salariale (budget).

L'objectif est de déterminer :

- le coût des heures supplémentaires liées à une augmentation de l'activité,

- l'impact du chômage technique sur la masse salariale,

- déterminer, en dehors des évènements exogènes (accords de temps partiel, variations de l'horaire de référence du personnel) une masse salariale de référence pour les comparaisons.

d)- Analyse de la situation, respect des équilibres :

    1- Les équilibres internes

    2- Les équilibres externes

Exemple de calcul de la masse salariale de référence

	ouvriers	ETAM	Cadres	Total
Masse salariale	260 325	369 565	352 237	982 127
Facteurs de correction : + / -				
Grève février 1 000 h O (15 dh/h) 1 000 h ETAM (45 dh/h)	+ 15 000	+ 45 000		+ 60 000
Chômage partiel mars –avril 2 000 h O (15 dh/h) 500 h ETAM (45 dh/h) 300 h C (80 dhs/h)	+ 30 000	+22 500	+ 24 000	+ 30 000 + 22 500 + 24 000
Heures supp. Excep (démarrage chantier X1) 1 500 h O (23 dh/h) 800 h ETAM (68 dh/h)	- 34 500	- 54 400		- 34 500 - 54 400
Indemnité fin de carrière 8 O à 8 000 1 ETAM à 30 000 1 C à 60 000	- 64 000	-30 000	- 60 000	-64 000 - 30 000 - 60 000
MASSE SALARIALE DE REF.	206 825	352 665	316 237	875 727

<u>Dh=MAD devise du Maroc</u>

<u>Les domaines du pilotage budgétaires des frais de personnel</u>

	Eléments de coûts budgétés	Analyse d'écarts	La performance
Budget de poste	Coût moyen (horaire, journalier ou mensuel × Temps	→ Sur coût → Sur temps	**RENDEMENT PRODUCTIVITE QUALITE**
Budget de sous-unité (centre d'analyse)	Coût moyen × Temps × Effectif	→ Sur budget poste → Sur effectif → Sur niveau d'activité	**PERFORMANCE D'UNE EQUIPE PERFORMANCE D'UNE SOUS- UNITE**
Budget de masse salariale (unité dans son ensemble)	Σ Budgets des sous-unités	→ Sur taux-prix → Sur effectifs-temps	**PERFORMANCE GLOBALE DE L'ORGANISATION**

<u>Analyse des écarts par unité budgétaire et par mois</u>

Par catégorie de personnel	Par composantes de la masse salariale					
	Salaires De base	Primes Ancien -neté	Primes indivi- duelles	Primes collec- tives	Heures Supplé- mentaires	Total MS
Cadres Valeurs (en K devise) du mois A Valeur réel du même mois A-1 Ecarts réel / budget (en cumul) Ecarts réel / réel du mois précédent Ecarts du réactualisé / budget **Techniciens…** **Employés …**						

<u>Les équilibres Internes :</u>

On peut dresser un tableau qui reprend pour chaque catégorie de salarié l'effectif moyen sur l'année, la rémunération moyenne mensuelle par salarié et la masse salariale brute annuelle.

On va alors comparer ces données sur l'année N par rapport à ces mêmes données sur N+1.

On va analyser les évolutions significatives :

1- au niveau de l'effectif en mesurant par catégorie un effet d'effectif

2- au niveau de la structure en mesurant un effet de structure

3- au niveau des augmentations générales

4- au niveau du report de N sur N+1, c'est à dire lié à l'année précédente, en calculant l'effet de report

5- au niveau de l'ancienneté en calculant le pourcentage de croissance de la prime entre N et N+1

6- au niveau des primes individuelles en calculant le pourcentage de croissance des primes entre N et N+1

 7- au niveau de l'effet de Noria par l'effet

La modification de la structure des effectifs :

Quelles sont les catégories de salariés (ingénieurs, maîtrise, employé, ouvrier) qui ont augmentées ? Quelles sont celles qui se sont réduites ? Quel impact sur la masse salariale ?

Revalorisation des salaires de certaines catégories de salariés, par exemple les ingénieurs et les maîtrises.

L'évolution, les modifications résultent-elles d'une volonté de l'entreprise ou d'un changement de son environnement ?
Le contrôle budgétaire doit surtout porter sur des variables qui vont assurer le pilotage de la composition des rémunérations entre les grandes catégories en vue d'accompagner le changement.

Les indicateurs d'équilibre des budgets de frais de personnel vont toucher aussi bien les équilibres sociaux car la masse salariale conditionne le climat, la conflictualité, l'équité interne, mais aussi la politique sociale. La masse salariale est, en effet, liée aux embauches, aux départs et aux évolutions d'activité, elle reflète une image sociale de l'entreprise

Et l'équilibre financier

L'équilibre financier est réalisé lorsque la trésorerie est supérieure à zéro, c'est à dire que le fonds de roulement est supérieur au besoin en fonds de roulement.

FR prévu – BFR prévu (BFR normatif).

Le calcul du BFR normatif intègre le montant annuel des salaires et des charges sociales.

Lors de l'établissement des soldes intermédiaires de gestion, la valeur ajoutée de l'entreprise est amputée notamment des charges de personnel pour obtenir l'EBE, c'est à dire l'excédent brut d'exploitation.

Cet EBE représente la part de la VA qui revient aux apporteurs de capitaux (créanciers + associés), ainsi qu'à l'autofinancement.

Autant dire qu'une gestion fine des frais de personnel est indispensable pour faire croître ce flux potentiel de trésorerie généré par l'exploitation qu'est l'EBE

2. Les équilibres externes

Le respect des équilibres externes s'analyse par le comportement des rémunérations face à l'évolution des prix, mais cela pourrait également être pour un métier donné, face à la rémunération sur le marché du travail ; ceci en terme de compétitivité externe.

Conclusion :

De leur conception à leur réalisation, en passant par leur suivi, les budgets de frais de personnel sont très variés et complexes. Ils constituent le coeur même du contrôle de gestion sociale.

Le travail budgétaire repose sur un terrain relativement mouvant. Il balance entre le respect des contraintes légales (rémunération, cotisation patronales, fixation des temps et rythmes de travail) et le hasard par la nature même de la gestion d'hommes et de femmes.

Ainsi, il n'y aura jamais suffisamment de simulations, de projections différentes pour déterminer avec exactitude un budget de frais de personnel.

Néanmoins, la mise en place d'un système d'information des RH performant, assis sur un système informatique (SIRH) le plus adapté à l'organisation s'avère indispensable.

Bibliographie

□   Bernard MARTORY, *Contrôle de Gestion Sociale*
Vuibert, 3ème édition

□   B. MARTORY & D. CROZET, *Gestion des Ressources Humaines*
Nathan, 3ème édition

□   D. PICARD, *La veille sociale* Vuibert, 1ère édition

SOMMAIRE